Manières et conduite à l'école et à l'extérieur

Anonyme

Writat

Cette édition parue en 2023

ISBN : 9789359255002

Publié par
Writat
email : info@writat.com

Contenu

AVANT-PROPOS

« La tâche suprême de l'école est de développer le sens de la justice, le pouvoir d'initiative, l'indépendance de caractère, de bonnes habitudes sociales et civiques et la capacité de coopérer pour le bien commun. » - Dr. Frank Grue.

Comment développer de bonnes habitudes sociales, les habitudes d'un gentleman ou d'une dame ?

Vous développez de bonnes habitudes sociales tout comme vous développez de bonnes habitudes en jouant au ballon ou en nageant : vous découvrez les règles ; alors vous pratiquez , pratiquez , pratiquez . Une bonne règle générale est la suivante : faites ce que votre bon cœur vous demande ; pour,

La politesse consiste à faire et à dire la chose la plus gentille de la manière la plus gentille.

Nous espérons sincèrement que ce petit livre pourra aider les filles et les garçons à devenir des citoyens plus heureux, plus agréables et plus efficaces.

LES DOYENNES DES FILLES
DES LYCÉES DE CHICAGO.

MAXIMES DE CONDUITE

Ayons foi que le droit fait la force ; et dans cette foi, osons faire notre devoir tel que nous le comprenons.

—LINCOLN.

Tout ce qui vaut la peine d'être fait mérite d'être bien fait.

—COMTE DE CHESTERFIELD.

Ne perdez pas de temps, car c'est de cela que la vie est faite.

—FRANKLIN.

Le secret du succès réside dans la constance du but.

— DISRAÉLI.

Les mauvaises communications corrompent les bonnes manières.

-NOUVEAU TESTAMENT.

Soyez bonne, douce jeune fille, et que celui qui le veut soit intelligent ;
Faites des choses nobles, ne les rêvez pas, toute la journée ;
Et ainsi faire de la vie, de la mort et de ce vaste éternel
Une grande et douce chanson.

—KINGSLEY.

Le vice est un monstre d'apparence si effrayante,
qu'il suffit d'être vu pour être haï ;
Pourtant vu trop souvent, familier avec son visage,
Nous endurons d'abord, puis nous plaignons, puis nous embrassons.

-LE PAPE.

En vain nous traitons les vieilles notions de fudge,
et plions notre conscience à nos transactions ;
Les Dix Commandements ne bougeront pas,
Et le vol continuera à voler.

—LOWELL.

SALUTATION

La vie n'est pas si courte mais il y a toujours assez de temps pour la courtoisie.

—Emerson.

Les filles, le mot *dame* devrait idéalement suggérer une fille (ou une femme) qui se maintient en bonne forme physique, qui pense à un niveau élevé et qui a des manières douces et séduisantes.

Les garçons, le mot *gentleman désigne, idéalement, un homme bien, athlétique,* viril , qui est un bon sportif dans le meilleur sens du terme et qui a des manières qui n'empêchent pas les autres de voir à quel point il est bon.

LA RUE

Rappelez-vous ceci : il y a une dignité et une proportion appropriées à observer dans l'accomplissement de chaque acte de la vie.

—Marc Aurèle.

1) Si vous êtes bien élevées, les filles, vous ne flânerez pas dans la rue pour vous parler ; encore moins aux garçons. Les visites dans la rue sont taboues.

2) Les garçons, un gentleman ne retient pas au coin de la rue une fille ou une amie. S'il rencontre quelqu'un avec qui il désire causer plus d'un instant, il demande la permission de faire un petit chemin avec elle. Pendant qu'il la retient, un monsieur parle avec son chapeau à la main.

3) Vous savez qu'un garçon doit lever son chapeau ou sa casquette en signe de reconnaissance envers une fille ou une connaissance qu'il rencontre dans la rue. Mais peut-être ne savez-vous pas que la même courtoisie peut être offerte à un homme, et doit l'être, si l'homme se promène avec une fille ou une femme.

4) Cracher dans la rue ou sur le trottoir est susceptible de mettre en danger la santé des autres et de vous faire paraître vulgaire et « horrible ». Utilisez votre mouchoir.

LE STREET-CAR

Les paroles impudiques n'admettent aucune défense, Car le manque de décence est un manque de sens.

— Comte de Roscommon.

1) Évitez de vous précipiter devant les autres pour obtenir une place dans un tramway ou pour obtenir tout autre avantage spécial. Quelqu'un doit être le dernier ; pourquoi pas toi? S'il est nécessaire d'avancer à contresens, une petite délibération accompagnée de « Je vous demande pardon » ou de « Excusez-moi, s'il vous plaît » ouvrira le chemin le plus rapidement et le plus agréablement ; sinon, respectez « la ligne ».

2) Dans un tramway, les garçons, touchez poliment votre chapeau et offrez votre place à une femme, une fille ou un homme âgé qui est debout. Votre courtoisie doit être acceptée avec un salut et un « Merci ».

3) Les filles, si une place vous est proposée, acceptez-la immédiatement en disant « Merci ». N'expliquez pas que cela ne vous dérange pas de rester debout.

4) Dans la rue, dans les tramways et dans tous les lieux publics, si votre voix ou votre conduite attire l'attention, vous serez considéré comme « bruyant », « commun », vulgaire.

5) Le fait de mâcher du chewing-gum dans un tramway, à l'église ou dans tout autre endroit en dehors de votre chambre privée vous marque immédiatement comme « commun ».

COULOIRS

La liberté existe en proportion d'une saine retenue.

—Webster.

1) Évitez de courir dans les couloirs ; commencez à temps et marchez.

2) Évitez de vous encombrer dans les escaliers. Évitez de vous presser devant les portes de la salle de réunion. Lorsque vous êtes parmi une masse de personnes, déplacez-vous lentement et essayez de garder un espace pour respirer autour de vous.

3) Évitez de jeter du papier sur les casiers. Évitez de le laisser tomber par terre ; mais s'il y a du papier, entraînez-vous à le voir et à en ramasser au moins un chaque fois que vous entrez dans le couloir. C'est ce que le Dr Crane appelle une « habitude civique ».

4) Les garçons, chapeau bas en entrant dans le bâtiment ; ne les remettez pas avant d'être à la porte extérieure, prêt à partir, même si vous devriez voir des hommes adultes violer cette règle.

5) Tenez la porte ouverte pour qu'une fille ou une personne âgée vous précède dans le passage ; puis jetez un coup d'œil par-dessus votre épaule pour éviter que la porte ne retombe face à toute personne qui pourrait vous suivre.

6) Afin de paraître sous votre meilleur jour, gardez vos mains hors de vos poches.

7) Essayez de ne pas vous bousculer. Si par hasard c'est le cas, dites : « Pardonnez-moi ».

8) Observez, mes garçons, que les hommes bien élevés se lèvent lorsqu'une femme debout s'adresse à eux.

9) Évitez de siffler dans le bâtiment scolaire, et même dans une maison privée, car votre sifflement peut gêner ceux qui ne peuvent s'empêcher de l'entendre.

10) Ne soyez jamais, au grand jamais, dégoûtant au point de cracher par terre, dans les escaliers ou dans la corbeille à papier ; utilisez votre mouchoir.

11) Prenez soin de vos ongles, de votre visage, de vos cheveux, dans votre chambre à la maison, pas devant les miroirs des portes de vos casiers, ni dans tout autre lieu public. Après avoir fait votre toilette du mieux que vous pouvez, oubliez ça.

12) Les garçons, il n'est pas nécessaire d'aider les filles à monter les escaliers de l'école à moins qu'elles ne soient aveugles ou infirmes.

13) Les filles, il vaut mieux ne pas se serrer les bras dans les couloirs et dans les escaliers ; aussi, ne pas s'embrasser tendrement si vous vous séparez quelques instants. Aimez tendrement vos amis; mais soyez raisonnable, pas sentimental.

14) Garçons, observez que dès qu'une femme ou une fille entre dans un ascenseur, les messieurs enlèvent leur chapeau, à moins que les conditions ne l'empêchent.

SALLE DE CLASSE

Dans les mots comme dans les modes, la même règle s'appliquera , Aussi fantastique qu'elle soit trop nouvelle ou trop ancienne : Ne sois pas le premier par qui on essaie le nouveau, Ni encore le dernier à laisser de côté l'ancien.

-Le pape.

1) Lorsque vous entrez dans votre classe, ainsi que lorsque vous en sortez, regardez vers votre professeur et, si elle vous regarde, inclinez-vous agréablement.

2) Dites « Oui, Miss Brown » ; pas simplement « Oui », si vous connaissez le nom de la personne à qui l'on s'adresse. Si vous ne connaissez pas son nom, laissez votre ton et vos manières indiquer si pleinement votre sentiment de respect que l'omission du nom ne sera pas remarquée. Dites « Oui, Monsieur » aux hommes. Et rappelez-vous,-

, comme les portes, s'ouvriront facilement à de très, très petites clés ; Et n'oubliez pas que deux d' entre eux sont : "Merci, monsieur" et "S'il vous plaît".

3) Lorsque vous êtes assis, reculez le plus possible sur la chaise et penchez-vous en avant à partir de vos hanches, en gardant votre colonne vertébrale droite et non courbée. La façon dont vous vous asseyez, marchez ou vous levez montre la culture ou son absence.

4) Lorsque vous récitez, tenez-vous droit, les mains sur les côtés. Votre attitude attirera une attention favorable si vous vous tenez avec un pied légèrement en avant de l'autre et le poids du corps sur le pied avant.

5) Parlez si distinctement que toutes les personnes présentes dans la pièce doivent vous entendre ; sinon, tout le monde ne comprendra pas votre opinion.

6) Évitez de lever la main lorsque vous souhaitez poser ou répondre à une question. Au lieu de cela, levez-vous tranquillement, faites face à votre professeur et attendez qu'elle vous reconnaisse comme si vous étiez à une réunion de club.

7) Ne « dites » jamais quand un autre essaie de réciter. Un tel « récit » détruit la chance de l'autre personne de réfléchir et contribue à vous faire passer pour un sournois.

SALLE DE DÉJEUNER

La propreté du corps a toujours été considérée comme procédant du respect dû à Dieu.

-Lard.

1) Assurez-vous que vos mains sont propres.

2) Évitez de vous précipiter dans ou à travers la salle à manger. Marcher.

3) Lorsque vous transportez vos aliments à votre table, veillez à ce qu'ils arrivent à destination en toute sécurité.

4) Mangez dans la salle à manger, pas dans les couloirs, ni dans la salle de l'Assemblée, ni dans la rue. Donnez quatre excellentes raisons pour cette orientation.

5) Mangez lentement et sans bruit ; ne vous « nourrissez pas ». Évitez de parler lorsque votre bouche est pleine. Prenez-en de petites bouchées pour pouvoir parler sans offenser. Gardez vos lèvres fermées lorsque vous mâchez. N'utilisez jamais votre couteau pour porter de la nourriture à votre bouche.

6) Dans la salle à manger, comme ailleurs, asseyez-vous avec les genoux joints et les deux pieds au sol, et non sur les ronds de vos chaises.

7) Ne *jetez pas* de papier et ne jetez pas de déchets dans les récipients prévus à cet effet ; *déposez* -le là.

8) Évitez de parler et de rire bruyamment. Les tons de la voix proclament avec assez de précision l' origine sociale du garçon, de la fille, de l'homme, de la femme.

Sa voix était toujours douce, douce et basse, ce qui est une excellente chose chez une femme.

—SHAKESPEARE.

9) Gardez les coudes et les couvertures éloignés des tables de la salle à manger ; de plus, ne vous asseyez pas sur les tables.

10) Laissez votre place dans la salle à manger bien rangée et impeccable, avec votre chaise poussée jusqu'à la table.

11) Se lever lorsqu'une personne âgée entre dans la pièce ; restez debout jusqu'à ce que votre courtoisie soit reconnue ou jusqu'à ce que la personne âgée soit assise. (Facultatif avec l'enseignant dans la salle de classe.)

12) Les garçons, lorsqu'une fille ou une personne âgée laisse tomber un crayon, un livre ou quelque chose de ce genre, ramassez-le et rendez-le discrètement, mais avec un petit salut.

13) Évitez de vous précipiter hors de la pièce lorsque la cloche sonne. Marcher.

14) Ouvrez la porte, les garçons, mais laissez les filles s'évanouir en premier, autant que possible. Lorsque plusieurs passent dans des directions opposées, restez à droite.

15) Ne jamais rire des accidents ou des malheurs des autres, même s'ils ont un côté ridicule. Rien n'indique aussi sûrement une mauvaise éducation.

malheurs des autres trouve peu d'amis et beaucoup d'ennemis.

LA SALLE D'ASSEMBLÉE

Il y a un temps pour certaines choses et un temps pour toutes choses ; un temps pour les grandes choses et un temps pour les petites choses.

—Cervantès.

Des actions tout à fait appropriées au gymnase ou au terrain de jeu peuvent être tout à fait inhabituelles dans la salle de l'Assemblée. Pensez-y.

1) Évitez de courir, de vous défouler et de faire du bruit inutile dans la salle de réunion.

2) Évitez d'utiliser la salle de réunion comme voie de communication. En entrant, asseyez-vous immédiatement et restez-y jusqu'à la prochaine sonnerie. Parlez sur un ton doux.

3) Évitez de manger quoi que ce soit dans la salle de l'Assemblée.

4) Évitez de laisser tomber du papier sur le sol. Aide à garder la pièce ordonnée et bien rangée.

5) Pour un programme sur scène et pour le chant en général, rassemblez-vous tranquillement dans les sections centrales si votre salle d'assemblée est grande. Vous devriez le faire sans attendre qu'on vous le demande. Utilisez votre jugement.

6) L'apparition sur l'estrade de quelqu'un qui doit vous parler doit être votre signal de silence et d'attention immédiats. N'attendez pas qu'on vous rappelle à l'ordre ; rappelez-vous à l'ordre.

7) Chantez si bien que vous faites du chant général un délice. Vous trouverez cela bien plus amusant que d'essayer de gâcher le programme. Pourquoi le ferez-vous ? Parce que c'est votre nature de ressentir plus de satisfaction à coopérer et à aider en faisant de votre mieux qu'à gêner et à contrecarrer en faisant de votre mieux. (C'est la base de toutes les bonnes manières et de l'esprit civique.)

8) Vous devez être attentif et silencieux, non seulement lorsque quelqu'un vous parle depuis l'estrade et lorsqu'un « numéro » de quelque nature que ce soit est donné, mais également pendant un « film ». Les personnes qui viennent nous rendre visite pendant que d'autres tentent de les divertir constituent une nuisance publique. Ne vous laissez pas glisser dans cette classe. Ne racontez pas non plus l'intrigue d'une pièce de théâtre ou d'un film à votre voisin.

9) Jamais, dans la salle de l'Assemblée ou dans tout autre endroit où se trouve un grand groupe de personnes, vous ne devez jamais vous lever et faire signe, siffler ou « hoo-hoo » pour attirer l'attention de vos amis.

10) Si vous entrez dans la salle de l'Assemblée après le début du programme, trouvez un siège si silencieux qu'il ne sera pas remarqué.

11) Montrez cordialement votre appréciation, mais évitez les applaudissements excessifs. Ne frappez jamais du pied et ne sifflez jamais. Au-delà d'un certain point, les applaudissements cessent d'être une courtoisie. Cultivez le bon goût en la matière. La modération est une marque de bon goût.

DEVOIR ENVERS LE SPONSOR DU CLUB OU DE LA CLASSE

Son air, ses manières, tous ceux qui les voyaient admiraient ;
Courtois quoique timide, et doux quoique retiré ;
La joie de la jeunesse et de la santé que ses yeux montraient ,
et la tranquillité d'esprit que chacun de ses regards traduisait .

— Crabe.

1) Rappelez à votre parrain (ou conseiller) votre rendez-vous deux ou trois jours avant l'heure prévue.

2) Avant d'agir sur un plan, assurez-vous de l'approbation de votre parrain.

3) Alors traitez votre parrain pour qu'il (ou lui) soit ravi d'être avec vous.

LE LAVABO

La propreté est à côté de la piété.

—Wesley.

1) À l'école, dans un magasin, dans un club, dans les trains, bref, partout où vous utilisez une cuvette publique, laissez-la aussi propre que possible.

2) Ne dispersez pas de papier toilette. Gardez les toilettes propres et nettes et exemptes de toute écriture sur les portes, les murs et les fenêtres.

3) Ne traînez pas et ne visitez pas les toilettes.

DEVOIR ENVERS VOTRE CHAPERON

Bien que son attitude porte bien plus d'invitation que de commandement, la voir est un échec immédiat à perdre. comportement ; l'aimer était une éducation libérale.

—Acier.

Lors des réceptions scolaires, des promenades en traîneau, des réunions de classe chez les particuliers, etc., il y a toujours un accompagnateur qui lui donne du temps pour votre plus grand plaisir. Sa gentillesse devrait être récompensée par votre courtoisie.

1) Dès que possible après avoir salué votre hôtesse, saluez votre accompagnateur.

2) Aussi, juste avant de partir, parlez-lui à nouveau cordialement et avec gratitude.

3) Veillez à ce que votre chaperon ne soit pas souvent laissé seul. Si la fonction est une danse, invitez-la à danser ; ou aller danser avec elle, parfois. Faites-lui plaisir d'être votre chaperon.

4) Ne vous moquez jamais de rester quand vient le temps de partir.

5) Ne gênez pas votre chaperon en flânant sur vos écharpes ; soyez prêt quand elle le sera et quittez le bâtiment avec elle.

DEVOIR ENVERS VOTRE HÔTESSE

Mais le mal est produit par le manque de pensée,
ainsi que par le manque de cœur.

-Capot.

1) Avant de parler avec d'autres personnes lors d'une fête, saluez votre hôtesse ; puis les personnes âgées présentes ; enfin, les jeunes.

2) En tant qu'invité, vous n'êtes pas censé dire au revoir à tout le monde ; mais ne partez jamais sans dire au revoir à votre hôtesse et exprimer sa reconnaissance pour ses efforts pour vous faire plaisir.

3) Coopérez avec votre hôtesse pour essayer de rendre toutes les personnes présentes heureuses. Si vous ne faites pas preuve de cette courtoisie envers votre hôtesse, vous vous présentez comme un invité indésirable.

4) Si la fonction est une danse, les garçons, évitez trop de danses consécutives avec la même fille. Limiter sensiblement votre attention à la même fille la rend visible et gâche le plaisir général.

5) Les filles, refusez les danses consécutives avec le même garçon. Faites-le gracieusement, en expliquant que vous aimeriez accepter, mais que vous ne devez pas être égoïste. S'il est du bon type, il comprendra tout de suite, ou reprendra ses esprits plus tard. S'il est offensé, ne vous inquiétez pas ; ça n'en vaut pas la peine .

6) Faites bien attention aux filles qui ne dansent pas tout le temps. Ils se sentiront reconnaissants, votre hôtesse se sentira reconnaissante, vous vous sentirez plus satisfait que si vous les négligez.

7) Ne vous abstenez jamais de danser si une fille présente n'a pas de partenaire pour ce numéro. S'abstenir est égoïste de votre part et discourtois envers la fille et votre hôtesse.

8) Les filles, ne quittez pas une de vos amies pour aller chuchoter avec une autre. Une telle action sera certainement considérée comme méchante et inconsidérée.

9) Entraînez votre œil à voir comment vous pouvez contribuer au plaisir de tous ou d'un seul, et agissez promptement. D'ailleurs, vous ajoutez ainsi à votre propre plaisir. Pensez souvent aux paroles de Tennyson : -

Car les manières ne sont pas vaines, mais le fruit d' une nature loyale et
d'un esprit noble.

DEVOIR LES UNS ENVERS LES AUTRES

Si cela ne convient pas, ne le faites pas ; si ce n'est pas vrai, ne le dites pas.

—Marc Aurèle.

1) Après avoir dansé avec une fille, remerciez-la et retournez avec elle à sa place, à son chaperon ou à son prochain partenaire. Ne la laissez jamais seule au milieu du sol.

2) Les filles, si votre partenaire ne danse pas bien, prenez-le gentiment – mais pas trop pour plaisanter – et aidez-le à faire mieux.

3) Évitez de regarder un garçon avec votre âme dans les yeux. Une fille détient la clé de la situation sociale. Elle devrait maintenir une telle situation à l'école sur une base cordiale mais totalement factuelle , absolument exempte de sentimentalité.

4) Basez vos amitiés sur une bonne camaraderie, pas sur une émotion maudlique, ni sur la proximité. Le bon type d'amitié entre filles et garçons peut donner de la joie toute une vie ; le mauvais type doit être une menace continuelle.

5) Ne soyez pas prudes, les filles, mais faites savoir à chaque garçon qu'il ne doit pas vous toucher. S'il présume, un regard froid de votre part le retiendra généralement. Si ce n'est pas le cas, évitez-le ; il est indigne de votre amitié.

6) Les garçons, vous pouvez facilement savoir quelles filles voudraient que vous vous asseyiez très près d'elles, que vous leur teniez la main et que vous mettiez vos bras autour d'elles. Mais soyez viril. Protégez toujours une fille ; protégez-la de vous-même, même d'elle-même. Si elle ne souhaite pas être ainsi protégée, évitez-la comme vous le feriez pour la peste.

7) Lorsque vous rendez visite à une fille, vous ne devez pas rester après dix heures même si la fille le souhaite. Les filles, vous ne devriez pas insister. Et, les filles, observez comment vos petits amis s'intègrent dans le groupe familial.

8) Un cadeau que vous devez reconnaître immédiatement et cordialement. Mais, les garçons, laissez vos cadeaux aux filles être rares et limités aux bonbons, aux livres et aux fleurs.

9) Imposer votre présence à ceux qui semblent ne pas vouloir de vous tend à cristalliser leur sentiment d'antagonisme. En revanche, rien ne désarme plus vite ce sentiment d'antagonisme qu'une preuve de délicatesse de votre part.

10) Les filles, c'est une mauvaise politique d'appeler souvent les garçons par téléphone, et c'est une mauvaise manière de siffler pour attirer leur attention.

11) Le fait que vous vous asseyiez à une réunion sociale avec un chapeau et un manteau, les filles, même si vous devez partir dans quelques instants, est discourtois envers votre hôtesse et envers les autres invités.

DEVOIR ENVERS LES PERSONNES ÂGÉES

Les manières les plus douces et le cœur le plus doux.

-Le pape.

1) Faites preuve d'une déférence particulière – et non d'indifférence – envers vos supérieurs en termes d'âge, de fonction, etc. Ne le faites pas une fois, mais toujours. Surveillez les opportunités.

2) Levez-vous lorsqu'une personne âgée debout commence à vous parler.

3) Si vous souhaitez devenir musicien, demandez l'aide du meilleur professeur de musique à votre portée. De même, dans le plus grand art de vivre efficacement, demandez l'aide de ceux qui ont appris la sagesse. En règle générale, vos parents et vos professeurs sont vos meilleurs conseillers. Ils ont parcouru le chemin avant vous et ont à cœur vos intérêts les plus élevés. Écoute-les. Ne faites pas de votre vie une folle expérience de gaffes ; ça ne paie pas.

4) Ne considérez jamais l'âge, même avancé, comme une plaisanterie. Faire cela émousse votre propre sensibilité.

INVITATIONS

Cet homme peut durer, mais ne vit jamais,
Celui qui reçoit beaucoup, mais ne donne rien.

—Gibbons.

1) Si vous recevez une invitation écrite, envoyez une réponse écrite. Que la réponse soit conforme à l'invitation, qu'elle soit formelle ou informelle.

2) Vous serez considéré comme discourtois si vous pliez votre note avec négligence, si vous écrivez sur du papier sale ou déchiré, si vous utilisez un crayon au lieu de l'encre ou si vous retardez votre réponse.

3) Accepter une invitation vous engage, sur l'honneur, à réaliser votre engagement. Si les circonstances vous en empêchent, informez-en immédiatement celui qui vous a invité ; et faites-le de manière réfléchie.

INTRODUCTIONS

Présentez un homme à une femme, un garçon à une fille, une personne plus jeune à une personne plus âgée, ainsi : Mme Jones, puis-je présenter (ou présenter) mon amie Miss Holbrook ? ou, Miss Brown, mon ami M. Williams ; ou, Père, voici Ethel Reed. Que vos manières et votre voix soient dignes et aimables, vos paroles simples. Mais *évitez*… Mme Jones, rencontrez Miss Holbrook ; ou, M. Brown, serrez la main de M. Smith.

EXIGENCES DE DANSE

Venez le faire trébucher au fur et à mesure
Sur l'orteil léger et fantastique.

— Milton.

L'Association Nationale des Maîtres de Danse est responsable des règles suivantes. Vous pourriez bien penser que les danseurs qui les méprisent sont soit ignorants, soit maladroits, soit vulgaires.

1) Faites face à votre partenaire à une distance de six ou huit pouces, les corps parallèles et les épaules parallèles.

2) Si vous menez, placez votre main droite entre les épaules de votre partenaire, en gardant votre coude droit bien éloigné de votre corps.

3) Voyez qu'au-dessus, mais ne reposant pas sur ce bras, se trouve le bras gauche de votre partenaire, à angle droit avec son corps, sa main juste en arrière de la courbe de votre épaule.

4) Laissez votre main gauche, paume vers le haut, serrer la droite de votre partenaire. Une ligne allant de ces mains aux coudes opposés doit être parallèle à vos corps parallèles.

5) N'oubliez pas que les mouvements et les tremblements sont tabous. Que le ressort vienne des chevilles et des genoux. Imitez la grâce de l'hirondelle.

RAFRAÎCHISSEMENTS LORS DES FÊTES

Socrate a dit : « Les méchants vivent pour manger et boire, tandis que les bons mangent et boivent pour vivre. »

—Plutarque.

1) Gardez vos rafraîchissements simples et peu coûteux. Une fois que vous serez mieux familiarisé, omettez-les fréquemment.

2) Les garçons, vous devez être vigilants pour aider à servir, mais faites preuve de jugement ; ne partez pas en groupe pour vous amuser en servant ou en mangeant.

3) Évitez de laisser tomber des miettes sur le sol ou de les éparpiller sur les tables de service. Évitez de placer quoi que ce soit de chaud ou d'humide sur une surface qui pourrait en être défigurée.

4) Portez une attention particulière à tous ceux qui semblent timides ou ont peur de se mêler aux autres invités. Assurez-vous que tout le monde passe un bon moment.

5) Aidez à nettoyer immédiatement, les garçons, ce qui doit être nettoyé et laissez la pièce que vous utilisez en parfait ordre. Ne partez pas et laissez les filles faire tout. Rendez-vous utiles jusqu'à ce que le travail soit terminé.

MANIÈRES À TABLE

Certains ont de la viande et ne peuvent pas manger,
et certains en mangeraient s'ils en voulaient ;
Mais nous avons de la viande, et nous pouvons manger,
que le Seigneur en soit reconnaissant .

— Des brûlures.

1) Savez-vous que les bonnes manières à table affirment d'emblée votre formation sociale ?

2) Les garçons, à une table à manger, reculez la chaise de la fille ou de la femme à côté de vous, poussez-la sous elle pendant qu'elle s'assoit, puis prenez votre propre siège.

3) Filles et garçons, laissez votre serviette ouverte sur vos genoux.

4) A la maison laissez votre serviette pliée proprement, ou dans son anneau, s'il y a un anneau. Mais laissez-le reposer à côté de votre assiette lorsque vous êtes dans un hôtel ; partiellement plié, lorsque vous êtes invité dans une maison privée.

5) N'utilisez jamais de cure-dent à table ou en présence d'autres personnes. S'il vous semble absolument nécessaire d'en utiliser un à table, couvrez-vous les lèvres avec votre serviette ; ailleurs, avec ton mouchoir.

6) Tenez votre couteau dans votre main droite, non pas comme s'il s'agissait d'un porte-plume, mais de manière à pouvoir appuyer facilement sur le dos du couteau avec votre index droit.

7) Dans une position similaire, lorsque vous coupez des aliments, maintenez les dents de votre fourchette vers le bas avec votre main gauche. Mais, lorsque vous portez de la nourriture à votre bouche, courbez les dents vers le haut et non vers le bas, et prenez votre fourchette dans votre main droite entre votre pouce et votre index, de manière à ce qu'elle repose confortablement près du bout du deuxième doigt.

8) Votre couteau de table ne doit jamais être utilisé pour transporter des aliments vers votre bouche.

9) Vous trouvez votre petite assiette à pain et à beurre ainsi que votre épandeur de beurre à votre gauche. N'étalez jamais d'un seul coup une tranche de pain entière ; Cassez-en une moitié ou un quart et étalez-le sur votre assiette de pain et de beurre, et non sur la paume de votre main.

10) Lorsque votre assiette est passée pour une seconde portion, laissez votre couteau et votre fourchette dessus, côte à côte ; aussi, quand vous avez fini.

Ne posez jamais votre couteau ou votre fourchette en partie sur la table et en partie sur votre assiette ou votre rond de serviette. Évitez de mélanger vos aliments dans votre assiette.

11) Utilisez une fourchette lorsque vous mangez des légumes et de la salade, ainsi que de la glace, si une fourchette à glace est fournie.

12) Si couper les feuilles de laitue de votre salade est nécessaire, coupez-les avec votre fourchette.

13) Faites le moins de bruit possible en mâchant et pas du tout en prenant de la nourriture à la cuillère. Parfois , en mangeant du pain grillé croustillant, par exemple, il est très difficile d'éviter un bruit de craquement, mais mangez lentement, en prenant de très petites bouchées, et vous pouvez éviter le bruit.

14) Ne buvez pas dans une tasse lorsqu'elle contient une cuillère. Lorsque vous n'utilisez pas votre cuillère à café, laissez-la reposer sur la soucoupe. Ne buvez pas dans votre soucoupe. Remuez doucement et posez immédiatement votre cuillère dans votre soucoupe.

15) À table, gardez vos mains sur vos genoux lorsque vous ne mangez pas ; jouer avec des objets sur la table est une mauvaise forme.

16) Entre les cours, évitez de vous prélasser sur votre chaise ; gardez votre colonne vertébrale droite, votre corps légèrement en avant et votre esprit occupé par la conversation que vous contribuez à rendre agréable.

17) Mangez un peu moins de tout que vous ne le pourriez. Rétrécissez-vous devant la moindre apparence de gourmandise.

18) Utilisez les couteaux, les fourchettes et les cuillères dans l'ordre dans lequel vous les trouvez. En cas de doute, observez votre hôtesse.

19) Après avoir trempé le bout de vos doigts dans votre cuvette, séchez-les légèrement sur votre serviette.

20) Lorsque l'hôtesse se lève, les garçons, levez-vous et reculez la chaise de la fille ou de la femme à côté de vous au fur et à mesure qu'elle se lève, et laissez-la vous précéder hors de la pièce.

DEVOIR ENVERS VOUS-MÊME

Ceci avant tout : sois fidèle à toi-même,
et il doit s'ensuivre, comme la nuit le jour,
que tu ne peux donc être faux envers personne.

—Shakespeare.

1) Prendre un bain complet au moins trois fois par semaine ; mieux encore, tous les jours.

2) Gardez vos cheveux, vos dents, vos ongles et vos vêtements en bon état. Ayez l'air bien soigné.

3) Si vous mangez, dormez et faites de l'exercice correctement, votre santé et votre teint seront au meilleur de leur forme. Consultez votre professeur de gymnase sur le sujet, ou consultez un livre fiable.

4) Les filles, lorsque vous vous coiffez de manière trop surprenante, que vous portez des tailles trop basses ou trop fines, que vous utilisez de la poudre et du rouge, vous rappelez aux garçons et aux hommes le mauvais type de femme. Le meilleur moment pour utiliser des produits cosmétiques, si vous devez les utiliser, n'est pas pendant vos années d'école.

5) Bien sûr, habillez-vous de la manière la plus convenable possible ; mais, pour l'essentiel, comptez pour votre attrait sur vos connaissances, vos manières douces, votre tact et votre désir actif de rendre les autres confortables et heureux.

6) Cultivez le charme, filles et garçons. Le meilleur professeur de « Comment être charmant » est un cœur vraiment bon. Chacun d'entre vous peut avoir cela.

7) Si votre cœur est bon, vous apprendrez à parler de manière intéressante et à écouter intelligemment.

8) Essayez, de plus en plus, d'adapter votre parole à votre pensée, et votre pensée aux faits. Être précis ne veut pas dire être ennuyeux. Un discours efficace a beaucoup besoin d'imagination, mais très peu d'argot commun. Vous comprenez et appréciez,—

Ces plumes qui poussent sur l'aile de César lui feront voler d'une manière ordinaire.

Si, cependant, dans une expression d'argot, quelqu'un parlait de « voler la drogue de César » ; ou de faire « descendre César de son perchoir », vous verriez que quelque chose de beau dans la pensée avait disparu. Entraînez-vous à exprimer vos idées de la manière la plus attrayante possible.

9) Ne faites pas de remarques acerbes à l'égard des absents ; votre esprit peut faire rire, mais sa méchanceté fera que les autres vous apprécieront moins. Ils se sentiront mal à l'aise face à ce que vous pourriez dire d'eux en *leur* absence.

10) Chaque fois que vous êtes curieux de connaître l'expérience merveilleuse que nous appelons « naissance », pensez-y avec révérence et allez immédiatement vous renseigner auprès de votre père ou de votre mère ; si vous en manquez, à un ami noble beaucoup plus âgé que vous. Sinon, joignez une enveloppe timbrée adressée à vous-même dans une lettre adressée au YMCA ou au YWCA ou au Federal Bureau of Information, Washington, DC, demandant le titre du meilleur livre pour un garçon ou une fille de votre âge, sur les débuts de Vie.

11) N'écoutez jamais les explications des ignorants ou du vulgaire. Les pensées impures à ce sujet conduisent à la ruine du corps et de l'esprit. Les pensées pures mènent aux biens les plus précieux que le monde puisse offrir : père, mère, sœur, frère, ami, mari, femme, enfants, maison, pays.

12) Soyez fiable. Si une qualité est *la plus* recherchée, c'est bien celle de la fiabilité. À l'école, vous avez de merveilleuses occasions de le cultiver.

13) Chacun d'entre vous devrait viser à devenir économiquement indépendant. Pour cela, décidez d'une vocation et planifiez vos études en conséquence. Si vous souhaitez changer plus tard, très bien ; mais travaillez toujours vers un objectif précis.

14) Évitez de montrer votre mécontentement envers une connaissance en ne vous inclinant pas. Faire cela est grossier. Un salut formel devrait être accordé même à un ennemi. Ne coupez une connaissance que lorsque vous avez des raisons de croire qu'il s'agit d'un compagnon totalement inapte.

15) "Maquillez-vous" tout de suite avec un ami. "Je suis désolé", aide-t-il. Mais en cas d'échec, trouvez un moyen qui réussisse. Ne perdez pas votre ami.

16) Soyez courtois, franc et amical. N'essayez pas d'être populaire en attirant l'attention. La popularité qu'il faut rechercher est de courte durée.

MAISON

Telle est la vantardise du patriote, où que nous allions : son premier et meilleur pays est chez lui.

-Orfèvre.

1) Plus vous êtes fin, plus vous serez certain de pratiquer chez vous toutes les courtoisies dont vous savez qu'elles sont dues ailleurs. Si vous n'êtes pas poli et prévenant chez vous, vous ne pouvez pas vous empêcher de le montrer hors de chez vous.

2) L'esprit qui vise à donner du plaisir plutôt que de gêner ou de souffrir ne souhaitera prendre aucune « vacances ». Au début, une pensée et un acte courtois peuvent nécessiter un effort conscient. Cependant, une pratique persistante cristallise cet effort conscient en une habitude confirmée ; le résultat est une *dame* , un *gentleman* .